全国职业院校智能网联汽车新形态工作手册式教材

全国技工院校智能网联汽车工学一体化教材

动力蓄电池及管理系统检修习题册

主 编 徐 斌

中国劳动社会保障出版社

简介

本习题册是全国职业院校智能网联汽车新形态工作手册式教材 / 全国技工院校智能网联汽车工学一体化教材《动力蓄电池及管理系统检修》的配套用书。习题册内容紧扣教材的教学要求，注重基础知识的巩固和基本能力的培养，知识点分布均衡，题型丰富，难易适当，有助于学生复习巩固所学知识。

本习题册由徐斌任主编，王道龙、王宝扬参与编写。

图书在版编目（CIP）数据

动力蓄电池及管理系统检修习题册 / 徐斌主编 . -- 北京：中国劳动社会保障出版社，2024

全国职业院校智能网联汽车新形态工作手册式教材　全国技工院校智能网联汽车工学一体化教材

ISBN 978-7-5167-6334-6

Ⅰ. ①动…　Ⅱ. ①徐…　Ⅲ. ①电动汽车 - 蓄电池 - 管理 - 职业教育 - 教材②电动汽车 - 蓄电池 - 检修 - 职业教育 - 教材　Ⅳ. ①U469.720.3②TM91

中国国家版本馆 CIP 数据核字（2024）第 049839 号

中国劳动社会保障出版社出版发行

（北京市惠新东街 1 号　邮政编码：100029）

*

保定市中画美凯印刷有限公司印刷装订　　新华书店经销

787 毫米 ×1092 毫米　16 开本　4.75 印张　71 千字

2024 年 3 月第 1 版　　2024 年 3 月第 1 次印刷

定价：12.00 元

营销中心电话：400-606-6496

出版社网址：http://www.class.com.cn

http://jg.class.com.cn

Contents 目录

情境一
动力蓄电池检测与维修

任务一　电池成组

一、填空题

1. 电池是一种将__________、________、________和________等直接转化为电能的装置，它在两个特有的电极及电解质界面上分别进行______________（失去电子）和______________（得到电子）反应，由此将活性物质内储存的__________直接转化为电能。

2. 电池有多种分类方法，其中最常见的是按照____________和____________进行分类，一般将电池分为__________、__________、____________和____________四大类。

3. 蓄电池除了有可再充电特性，还有____________、___________、____________和______________等特点。

4. 为电动汽车动力系统提供______的蓄电池称为______________。

5. 电池的组合方式有________、________和____________。

二、选择题

1. 原电池是可直接使用的（　　）性电池。

A. 一次　　B. 二次　　C. 多次　　D. 重复

2. 燃料电池中最常见的燃料为（　　），其他燃料有能分解出氢气的碳氢化合物，如天然气、醇和甲烷等。

A. 氢　　B. 氧　　C. 甲烷　　D. 以上选项都对

3. 常用的锂离子蓄电池有锰酸锂电池、(　　) 电池、(　　) 电池、钴酸锂电池和钛酸锂电池等。

A. 二元锂　磷酸铁锂　　B. 三元锂　硫酸铁锂

C. 三元锂　磷酸铁锂　　D. 以上选项都不对

4. (　　) 是将化学能与电能进行相互转化的基本单元。

A. 动力蓄电池　　B. 燃料电池

C. 电池单体　　D. 以上选项都对

5. 主要用于稳定材料层状结构、提高材料循环性能和倍率性能的 (　　) 是三元锂电池不可或缺的贵金属。

A. 锰　　B. 钴　　C. 铁　　D. 锂

6. 电池的组合方式用 (　　) 表示。

A. mSnS　　B. mSnP　　C. mPnP　　D. mPnS

三、判断题

1. 储备电池最大的特征就是储备时间长，这种电池通常用于储存时间长或储存环境恶劣的情况。(　　)

2. 为电动汽车动力系统提供能量的蓄电池称为电池单体。(　　)

3. 锂离子蓄电池具有质量能量密度高、质量功率密度高、自放电率低、无记忆效应以及环境友好等优点。(　　)

4. 锂电池的安全性、稳定性和耐低温性是综合评判锂电池性能的重要指标。(　　)

5. 根据实际需求将若干个电池单体通过串联、并联或串并混联的形式组合使用，这个过程被称为电池成组。(　　)

6. 串联可以增大电池组的电流，并联可以增大电池组的电压，串并混联可以同时增大电池组的电压和容量。(　　)

四、名词解释

1. 电池包

2. 动力蓄电池系统

3. 动力蓄电池管理系统

五、简答题

1. 简述动力蓄电池的成组原理。

2. 简述动力蓄电池的连接方式。

任务二　电池单体充、放电

一、填空题

1. 放电时，电池将__________转化为__________；充电时，电池将电能转化为化学能并__________起来。

2. 蓄电池的充电方式有____________和____________两种。

3. 蓄电池的放电方式有____________和____________两种。

4. 影响电池充电特性的主要因素有____________、____________和____________等。

5. 影响电池放电特性的主要因素有____________、____________和____________等。

二、选择题

1. 电池正极在放电过程中（　　）。

A. 得电子，发生还原反应　　B. 失电子，发生氧化反应

C. 失电子，发生还原反应　　D. 得电子，发生氧化反应

2. 电池负极在充电过程中（　　）。

A. 得电子，发生还原反应　　B. 失电子，发生氧化反应

C. 失电子，发生还原反应　　D. 得电子，发生氧化反应

3. 准备蓄电池充、放电技能操作时，物料不包括（　　）。

A. 维修手册　　B. 纸　　C. 万用表　　D. 绝缘套筒

4. 电池单体的放电步骤不包括（　　）。

A. 检测电池单体的端电压　　B. 连接信息采集线

C. 测试安全电压　　D. 设置放电参数

5. 为减少电池容量衰减，一般应保证电池在（　　）℃的温度下工作。

A. 0 ~ 40　　B. 0 ~ 20　　C. 10 ~ 40　　D. −10 ~ 30

6. 在不同倍率下的放电测试中，以 0.5C 的电流放电至放电终止电压需静置（　　）min。

A. 1　　B. 2　　C. 3　　D. 4

三、判断题

1. 电池正极在充电过程中失电子，发生氧化反应。（　　）

2. 电池负极在放电过程中失电子，发生还原反应。 （ ）

3. 正极材料为三元锂的锂离子蓄电池，其经济性比锰酸锂的好。 （ ）

4. 正极材料为钴酸锂的锂离子蓄电池，其安全性能比磷酸铁锂的好。 （ ）

5. 放电深度是指蓄电池放电容量与总容量的百分比。 （ ）

四、名词解释

1. 放电电流

2. 充电终止电压

3. 电池容量

4. 循环寿命

五、简答题

1. 以锂离子蓄电池为例，简述电池放电的工作原理。

2. 简述不同倍率下的充电测试方法。

任务三　电池单体 SOC 估算

一、填空题

1. 电动势即__________的趋势，指能够克服导体______对______的阻力，使电荷在闭合的导体回路中流动的一种作用。

2. 锂电池的__________又称 SOC，也称剩余电量。

3. SOC 为______时表示电池放电完全，SOC 为______时表示电池完全充满，因此 SOC 的数值范围为__________。

4. 一般来说，SOC 描述了电池还剩下多少电，它是____________中最重要的参数。

5. SOC 估算的核心是________、________估算电池的每一个__________。

6. 锂离子动力蓄电池组的实时 SOC 是一个变量，不能通过传感器件直接测量，在电动汽车工作时该变量会受到外部环境多方面因素的影响，包括________、__________、__________、________、__________和__________等。

二、选择题

1. 电动势一般用符号（　　）表示。

A. E　　B. U　　C. A　　D. R

2. 锂电池的电动势是指电池正极与负极平衡（　　）的差值。

A. 电流　　B. 电势　　C. 电压　　D. 以上选项都不对

3.（　　）可作为 SOC 估算中的一个重要参数。

A. OCB　　B. OPO　　C. OCV　　D. 以上选项都不对

4. 电池单体在不工作时，其端电压为（　　）电压。

A. 开路　　B. 闭路　　C. 工作　　D. 以上选项都不对

5. 电池单体在工作时，其端电压为（　　）电压。

A. 开路　　B. 闭路　　C. 工作　　D. 以上选项都不对

三、判断题

1. 一般情况下，电池的 OCV 小于它的电动势。（　　）

2. 由于电池内部的极化效应，当锂电池断开负载电路时，其端电压会逐渐降低。（　　）

3. 由于极化现象的存在，电池在充、放电的过程中瞬时电压与实际电压会产生一定的偏差。（　　）

4. 在电池容量相同的情况下，SOC 的估算精度越高，电动汽车的续驶里程越高。（　　）

5. SOC 估算的方法只有开路电压法和安时积分法。（　　）

6. 衰减电池普遍存在内阻偏高的特点，当对其进行充、放电操作时，其电压的波动幅度明显高于正常电池。（　　）

四、名词解释

1. 开路电压

2. 工作电压

3. 标称电压

五、简答题

1. 简述 SOC 估算的目的。

2. 简述开路电压法的优缺点。

任务四　电池电性能测试

一、填空题

1. 为满足电动汽车的性能要求，动力蓄电池应具有________、________、________、________、________、________、________、________以及环境友好等性能。

2. 动力蓄电池作为电动汽车的核心部件，其性能直接影响车辆的________和________。

3. 动力蓄电池的性能要求主要分为________、________、________、________和________五个方面。

4. 当前动力蓄电池性能测试的内容主要包含________和________两个参数。

二、选择题

1. 动力蓄电池的电性能要求不包括（　　）性能要求。

A. 充电　　B. 放电　　C. 储存　　D. 内阻

2. 动力蓄电池的安全性要求不包括（　　）安全要求。

A. 电　　B. 机械　　C. 辐射　　D. 热稳定性

3. 动力蓄电池的寿命要求不包括（　　）寿命要求。

A. 标准循环　　B. 质保　　C. 工况循环　　D. 日历

4. 电池功率用符号（　　）表示，单位为瓦或千瓦。

A. P　　B. W

C. K　　D. 以上选项都不对

5. 在不同的测试条件下，电池的电性能参数受到试验环境的影响，其主要影响因素不包括（　　）。

A. 温度　　B. 充电倍率

C. 内阻　　D. 放电倍率

三、判断题

1. 电池内部活性物质的缺失是电池老化的主要原因。（　　）

2. 对于同一块动力蓄电池，在不同的测试条件下，电池的特性参数相同。（　　）

3. 在实际使用过程中，温度对电池的影响直接体现在电池的内阻大小和电池的实际容量上。（　　）

4. 在一定温度范围内，动力蓄电池的容量随温度的升高而上升。（　　）

5. 在相同的放电截止电压和放电电流的条件下，在温度较高时，动力蓄电池的放电持续时间长，放电容量大，电池内阻较小。（　　）

四、名词解释

1. 电池能量

2. 电池功率

3. 自放电率

4. 荷电保持能力

五、简答题

1. 简述电池单体室温放电性能的测试步骤。

2. 简述电池模块储存性能的测试步骤。

任务五　电池模块更换

一、填空题

1. 根据电池单体类型的不同，可将电池模块分为________、________和______电池模块。

2. 电池模块的______、______需符合国家相关标准。

3. 软包电池模块是目前最灵活的__________，它的尺寸可以自由定制，可以堆叠多个电池，且__________、________________，具有非常明显的优势。

4. 电池模块的标识内容主要包括__________、__________和__________等。

5. 在电动汽车的调试过程中一定要坚持“__________，__________”的原则。

二、选择题

1. 某电池模块的标识是 1P12S CP37-0006 43. 2 V 37 A · h，其中标称电压是（　　）V。

A. 37　　B. 43. 2　　C. 12　　D. 以上选项都不对

2. 铜排与电池模块的金属部分形成回路时，若触头间的电压大于 10 V、电流超过 80 mA，则会产生（　　）色的光柱，即电弧。

A. 蓝　　B. 绿　　C. 黄　　D. 白

3. 导致电池漏液的主要原因有（　　）。

A. 电池在使用时输出电流太大　　B. 电池内部的材料发生化学反应

C. 废电池长时间不取出　　D. 以上选项都对

4. 电池模块的检查内容不包括（　　）检查。

A. 外观　　B. 内阻　　C. 电压　　D. 绝缘性

5. 使用绝缘表检测电池模块正、负极端子分别与外壳之间的绝缘电阻，其值应不小于每伏电压（　　）Ω。

A. 70　　B. 80　　C. 90　　D. 100

三、判断题

1. 圆柱形动力蓄电池是目前应用最为广泛的动力蓄电池。（　　）

2. 在成组效率方面，相较于软包动力蓄电池和圆柱形动力蓄电池，方形动力蓄电池的成组效率更高。（　　）

3. 在使用专用拆装工具拆除电池模块正、负极连接片的过程中，拆装工具不可戳伤电池或软连接等，并避免短路风险。（　　）

4. 在拆除电池模块正、负极连接片的过程中，不必使用绝缘胶带缠住铜排两端的金属裸露部分，对铜排进行绝缘处理。（　　）

5. 电池模块不得有变形及裂纹，其表面应干燥、无外伤、无污物，电池单体应排列整齐、连接可靠。（　　）

四、简答题

1. 简述电弧的危害。

2. 简述电池模块的安装注意事项。

3. 简述电池模块安装的“一插、二听、三拉、四画线”原则。

任务六　电池均衡

一、填空题

1. 电池不一致性是指同一______、同一______的电池单体组成电池模块后，其________、__________、________及______________、________及____________、____________和__________等参数存在一定差别的现象。

2. 电池模块不一致性产生的原因分为电池的____________不一致及电池____________的速度不一致两个方面。

3. 根据在使用过程中电池不一致性扩大的原因和对性能的影响方式，电池不一致性可以分为______________、______________和______________三种。

4. 电池均衡分为在车辆____________动力蓄电池管理系统（BMS）对电池的均衡管理和在____________使用电池均衡仪对电池的均衡操作。

5. 如果电池单体间最大压差超过________mV，动力蓄电池管理系统（BMS）会报电池单体压差相关故障。

6. 电池单体均衡的目标电压可以是所有电池单体中的__________、__________或____________。

二、选择题

1. 对电池进行均衡操作后，要求电池模块所有电池单体间的最大压差不超过（　　）mV。

A. 10　　B. 20　　C. 30　　D. 40

2. 一般情况下，常使用（　　）对电池模块进行均衡操作。

A. 电池均衡仪　　B. 万用表　　C. 放电工装　　D. 以上选项都不对

3. BMS 均衡一般分为主动均衡和（　　）均衡两种。

A. 自动　　B. 手动　　C. 被动　　D. 以上选项都不对

4. BMS 对电池的均衡管理多使用电池单体的（　　）电压作为目标电压。

A. 最低　　B. 平均　　C. 最高　　D. 以上选项都不对

5. 在均衡模式中，单元串联模式是所有单元同时均衡，任意单元的任意通道出现故障时，所有单元内通道（　　）运行。

A. 停止　　B. 继续　　C. 部分　　D. 以上选项都不对

三、判断题

1. 电池不一致性问题是造成电池在成组应用时性能下降的主要原因。（　　）

2. 由于在生产和使用过程中成组的电池单体之间不可能做到完全一致，所以电池模块的一致性是相对的，不一致性是绝对的。（　　）

3. 电池模块内电池单体的不一致参数之间并不是相互独立的，而是相互耦合、相互影响的。（　　）

4. 为了达到一定的电压、功率和能量等级，只能使用串联的方式将电池单体组成电池模块，为电动汽车提供能量。（　　）

5. 电动汽车在充电时，SOC 值是按照最低电池单体电压来计算的。（　　）

四、名词解释

1. 电池均衡

2. 并充模式

五、简答题

1. 简述电池均衡仪的使用步骤。

2. 电池模块不一致性对其性能的影响主要表现在哪几个方面？

任务七　动力蓄电池故障诊断与维修

一、填空题

1. 动力蓄电池的常见故障类型有________________________、________________
________________、____等。

2. 动力蓄电池容量的衰减主要有________、__________、________和__________四种原因。

3. 动力蓄电池内阻的增大主要有________、________、________和__________四种原因。

4. 电池单体性能测试需要记录________________、__________和__________。

5. 对动力蓄电池进行故障诊断时，应在良好的光线下目视检查电池模块________。

二、选择题

1. 使用故障诊断仪，通过（　　）诊断口读取车辆的电池信息。

A. EBD　　B. EBC　　C. OBD　　D. 以上选项都不对

2. 下列选项中，属于电芯故障的是（　　）。

A. 欠压　　B. 过充电　　C. 一致性问题　　D. 以上选项都对

3. 电池模块外观的检查内容是检查（　　）。

A. 表面是否出现变形、裂纹

B. 接线柱、外部连线和焊点是否有折断或脱落

C. 端子极性是否接反

D. 以上选项都对

4. 对故障电池单体所在的电池模块进行均衡操作时，应记录的内容是（　　）。

A. 均衡前电池单体的最大压差

B. 电池均衡仪的参数设置

C. 均衡后电池单体的最大压差

D. 以上选项都对

5. 学习任务完成后，下列选项中属于实训场地整理及恢复内容的是（　　）。

A. 将工具、设备整理恢复　　B. 将实训工位打扫干净

C. 将私人物品带走　　D. 以上选项都对

三、判断题

1. 动力蓄电池的故障原因只有动力蓄电池成组时电池单体的一致性问题，电池单体的 SOC、容量和内阻本身就存在差异。（　　）

2. 汽车续驶里程突然下降的原因可能有汽车自身耗电设备增多和电池容量衰退等。（　　）

3. 电池单体在成组应用过程中，由应用环境差异（如温度和充、放电电流的差异）造成的一致性差异增加，加剧了电池单体的不一致性。（　　）

4. 电池包的电芯存在“充高放低”现象，可能是电芯容量衰退或者 BMS 采集有误引起的，需要拆下电池包进一步诊断。（　　）

5. 车辆充电就是给电池补电，补电后就能解决电压不均衡问题。（　　）

6. 若出现电池单体电压过低的情况，按照电池单体电压补电就可以了。（　　）

7. 车辆行驶里程短，就是电芯容量衰减了。（　　）

8. 车辆仪表盘或上位机显示电池单体电压异常，代表电芯出现问题。（　　）

9. 电芯异常故障通过数据就能看出来，不需要进行分析。（　　）

10. 车辆的行驶里程与电池包的容量成线性关系。（　　）

四、简答题

1. 画出有故障码的动力蓄电池故障的诊断与维修思路流程图。

2. 画出无故障码的动力蓄电池故障的诊断与维修思路流程图。

情境二
动力蓄电池管理系统检测与维修

任务八　动力蓄电池管理系统更换与匹配

一、填空题

1. 动力蓄电池______系统是面向动力蓄电池的________管理及维护系统，其主要功能是对电池的状态进行实时监控，防止电池出现__________或过度放电的现象，提高电池的________，延长电池的使用寿命。

2. BMS 主要可以实现__________、电池状态计算功能、______________（含能量管理、安全管理、热管理和均衡管理等）、____________________。

3. BMS 对电池单体的电压进行实时监测，也对______、温度、绝缘和__________进行监测，这些电池单体的参数是动力蓄电池__________及 BMS 控制逻辑的基础。

4. 通过温度传感器监测动力蓄电池温度可以识别出过载或电气故障情况。当出现温度异常的情况时，必须立即降低__________或完全关闭________，以免造成电池的进一步损坏。

5. 动力蓄电池温度传感器安装在动力蓄电池内的多个位置，随着电池单体温度的变化，温度传感器的________也在变化，BMS 可根据这些电阻值的变化计算出电池单体的________信息。

二、选择题

1. 电流的测量主要通过分流器或（　　）式电流传感器来实现。

A. 霍尔　　B. 电磁　　C. 电压　　D. 电流

2. 动力蓄电池内的电池单体通过（　　）方式给整车提供电能。

A. 串联　　B. 并联　　C. 串并联　　D. 以上选项都对

3. 为安全起见，电动汽车的高压电路仅出现在特定的（　　）压部件之间，与车身电路是绝缘的。

A. 低　　B. 特高　　C. 高　　D. 以上选项都不对

4. BMS 的“漏电检测电路”持续监测高压电路和车身搭铁之间的绝缘（　　），在正常情况下其值是保持不变的。

A. 电压　　B. 电流　　C. 电阻　　D. 以上选项都对

5. 高压（　　）检测的作用是确认整个高压系统的完整性，在高压系统回路断开或者其完整性受到损坏的情况下，就需要车辆控制系统启动安全措施，以避免发生意外事故。

A. 上锁　　B. 互锁　　C. 电流　　D. 电压

6. BMS 中最核心的环节是（　　）、电池健康度（SOH）和功率边界（SOP）的估算。

A. SOA　　B. *m*S*n*P　　C. *m*P*n*P　　D. SOC

三、判断题

1. 由于生产工艺、运输、储存以及电子元器件误差积累的影响，动力蓄电池单体之间难免存在不一致性，BMS 会采取主动或被动的均衡方式，降低电池的不一致性。（　　）

2. BMS 的系统辅助功能主要包括能量管理、安全管理、热管理、均衡管理和充电管理等，这些功能通常与整车控制系统或其他相关系统联合使用。（　　）

3. BMS 为应对车辆在行驶过程中的急加速、急制动和上下坡等复杂车况造成的动态负载，合理控制动力蓄电池的能量输出以及再生制动的能量回收，进行能量管理，以实现车辆的最佳性能。（　　）

4. 在动力蓄电池内一般有多个继电器，BMS 需要对继电器进行驱动供给和状态检测，对继电器的控制往往是在与整车控制器协调后再进行的，而安全气囊控制器输出的碰撞信号通常在继电器控制策略中享有最高优先级。 （ ）

5. 当动力蓄电池出现高电压（过充电）、欠电压（过放电）、过电流、超高温、短路故障、接头松动、绝缘能力降低以及电解液泄漏等现象，或涉及传感器、执行器以及控制器等电子元器件的故障诊断时，蓄电池管理系统会采取相应措施来保护电池安全。 （ ）

6. 目前，对动力蓄电池主要采取风冷这一种冷却方式进行降温。 （ ）

四、名词解释

1. SOP

2. SOH

五、简答题

1. 简述 SOC 的控制目标值。

2. 简述 BMS 的更换流程。

任务九　动力蓄电池管理系统检测与维修

一、填空题

1. BMS 主要由＿＿＿＿＿、＿＿＿＿＿和＿＿＿＿＿＿三部分构成。

2. 高压箱内部收纳的元器件除继电器外，还包括＿＿＿＿＿保险、＿＿＿＿＿继电器和维修开关等，它们用于维护电路的＿＿＿＿＿＿、安全保护和转换等功能。

3. 维修开关（MSD）可保护维修电动汽车的技术人员，在应对突发情况时可以快速＿＿＿＿＿高压电路的＿＿＿＿＿，保证人员安全。

4. 高压盒可支持 2 路总＿＿＿＿检测通道，通过＿＿＿＿电压测量芯片准确测量电池组总正和总负之间的电压。

5. 高压盒通过＿＿＿＿＿进行电流＿＿＿＿＿，完成电流的测量和电池容量的累计。

二、选择题

1. 绝缘检测是检测动力蓄电池与汽车底盘之间的绝缘电阻，BMS 检测系统对地电阻应大于（　　）MΩ。

A. 1　　B. 2　　C. 3　　D. 4

2. 高压盒内部 CAN 线可提供主控、从控以及高压板之间的通信接口，也可与 PC 上位机连接，进行（　　）监控或用户程序下载。

A. 电压　　B. 电流　　C. 数据　　D. 以上选项都对

3. 在 BMS 主板接收到整车控制器（VCU）发出的唤醒（　　）后，BMS 被唤醒并

进行自检，自检通过后 BMS 开始工作。

A. 信号　　B. 电压　　C. 电阻　　D. 以上选项都不对

4. BMS 从板采集电池单体的电压和（　　）信号，BMS 高压板采集电池组的电流和绝缘信号。

A. 速度　　B. 电流　　C. 温度　　D. 以上选项都对

5. BMS 主板、从板和高压板之间通过内部（　　）线进行信息交互，BMS 主板与整车控制器（VCU）之间通过整车 CAN 线进行信息交互。

A. lin　　B. k　　C. CAN　　D. most

6. BMS 主板根据从板和高压板反馈的信息对动力蓄电池进行状态计算、均衡管理和（　　）管理。

A. 电压　　B. 电流　　C. 能量　　D. 热

三、判断题

1. 热管理部件及其温感布置电池组内部共有 n 个温度感应器，一般情况下，其中有 2 ~ 4 个温度感应器位于加热膜上，以检测加热膜的温度。（　　）

2. 充电热管理模式分为充电预热、常温充电、充电冷却风机慢挡和充电冷却风机快挡四个模式，模式转换的依据为最高单体温度、最低单体温度和温差。（　　）

3. 观察法主要是针对报警图标对各个模块是否正常报警、显示屏是否显示报警图标等现象进行排查，直观地判断故障现象及类型。（　　）

4. 替换法是指在条件允许的情况下，通过测量对应模块来实现对电池故障模块及故障类型的判别。该方法需要操作人员对电动汽车各个模块有较为充分的认知，操作人员应做好防护措施。（　　）

5. 部分故障问题的产生可能是由程序未更新（如系统无法显示）、系统获取不到对应数据（可能是其内部通信协议未及时更新）等引起的。（　　）

四、名词解释

1. 数据分析法

2. 替换法

五、简答题

1. 简述 BMS 的常见故障类型。

2. 简述电压检测模块的故障原因。

任务十　高压继电器故障检测

一、填空题

1. 高压继电器在电动汽车高压________的各个开关节点都有应用，如动力蓄电池主回路、________回路，高压用电器如电机、DC/DC、空调压缩机和________供电线路等。

2. 动力蓄电池系统常用的高压继电器类型为____________。

3. 继电器的电压等级不仅决定了继电器的绝缘________能力，更是体现继电器________能力的一个关键指标。对于同样的________电流，系统电压越高，分断的难度越大。

4. 对于工况中冲击电流________能力评估的最终限制条件是温升和最高温度，因此，________能力的选择需要结合工作环境温度、最高温升及________要求来考虑。

5. 分断能力是继电器的一个重点关注参数，该参数需要与系统所用________及其他负责大电流________器件的参数结合在一起考察。

二、选择题

1. 当系统出现由短路引发的极大电流时，继电器不能出现起火爆炸等风险，该能力主要与触头的通流能力以及触点之间接触的（　　）性有关。

A. 紧密　　B. 二次　　C. 多次　　D. 重复

2. 继电器工作温度的范围大于等于系统可能提供的环境温度范围。当环境温度过高时，继电器需要（　　）使用，以满足其最高可承受温度条件。

A. 降流　　B. 降压　　C. 降容　　D. 以上选项都对

3. 对于密封腔体类型的继电器，其环境湿度的影响只体现在绝缘性能上；对于非密封腔体类型的继电器，其环境湿度的影响较大，尤其在（　　）环境下影响更大。

A. 高温　　B. 低温　　C. 自然　　D. 以上选项都不对

4. 预充回路因有预充电阻，所以可以选择规格较小的（　　）A 的继电器。

A. 1 ~ 10　　B. 20 ~ 30　　C. 10 ~ 20　　D. 30 ~ 40

5. 继电器的使用寿命可以细分成（　　）使用寿命和电气使用寿命两种。

A. 电路　　B. 电阻　　C. 机械　　D. 锂电池

6. 继电器的极性主要与分断能力有关，对于有极性的继电器，其分断顺极性的电流能力较强，而分断反极性的电流能力会（　　），这种现象主要与继电器灭弧措施有关。

A. 保持不变　　B. 适中　　C. 升高　　D. 降低

三、判断题

1. 在动力蓄电池系统中，电池包内部的断路单元（BDU）通过控制总正、总负以及预充继电器的断开与闭合来控制电池系统的能量输入与输出。（　　）

2. 电动汽车高压继电器共有两组电路，其中，输入（线圈）电路为低压电路，输出（触点）电路为高压电路。（　　）

3. 在目前的高压电路中，存在充、放电同口的现象，即充电电流和放电电流都通

过同一段回路进出，正极性的继电器已被广泛应用，其有针对性的灭弧措施避免了电流方向的影响，因而在电动汽车高压系统中一般采用的是无极性的继电器。（　　）

4. 继电器使用寿命的需求主要取决于系统的使用寿命和应用工况，以及具体设计的各个场景的上、下电策略。（　　）

5. 继电器的工作电压直接决定着系统可能产生的最大短路电流的大小。（　　）

四、简答题

1. 简述高压继电器的控制原理。

2. 简述高压继电器的检测内容。

任务十一　电流传感器故障检测

一、填空题

1. 常见的电流传感器有__________、______________、________________、磁通门电流传感器、巨磁阻电流传感器和光纤电流传感器等。

2. 目前，动力蓄电池系统使用的电流传感器主要有__________和______________。

3. 分流器的基本结构主要分为四部分，即__________、__________、__________和金属合金。

4. 分流器属于三段式结构，即________端子 - 金属________ - 金属________，并通过焊接的方式结合在一起。

5. 金属合金是分流器的电阻本体，常见的三段式金属组合是两边为______合金，中间为________合金。

二、选择题

1. 分流器实际上是一个阻值很小的电阻（一般为 μΩ 级别），串联在动力蓄电池高压回路中，当电流通过时，分流器两端产生压降（一般为 mV 级别），BMS 通过测量其两端的压降来计算（　　）的大小。

A. 电流　　B. 电压　　C. 电阻　　D. 磁通

2. 霍尔效应属于（　　）效应的一种。

A. 电压　　B. 电磁　　C. 电容　　D. 以上选项都对

3. 当电流垂直于外磁场通过导体或半导体时，导体或半导体中的电子发生偏转，

在垂直于（　　）和磁场方向会产生附加电场，从而在导体或半导体的两端产生电势差，这一现象被称为霍尔效应。

A. 电流　　B. 电压　　C. 电阻　　D. 磁通

4. 霍尔传感器广泛用于电磁、（　　）、加速度和振动等方面的测量。

A. 压力　　B. 浮力　　C. 摩擦力　　D. 以上选项都对

5. 在电动汽车电池包中的霍尔传感器主要用于（　　）测量。

A. 电流　　B. 电压　　C. 电阻　　D. 磁通

6. 霍尔电流传感器一般采用（　　）线制接线。

A. 一　　B. 二　　C. 三　　D. 四

三、判断题

1. 霍尔电流传感器的供电电压有 5 V、15 V 和 24 V 等。（　　）

2. 在上电状态下，霍尔电流传感器的输出电压波形应为脉冲波形。（　　）

3. 测量动力蓄电池总电流大小的电流传感器一般安装于动力蓄电池内部的断路单元（BDU）中，测量所用的高压线束一般是 1 号电池模组的负极与总负继电器之间的高压线。（　　）

4. 在上电情况下，分流器两端应有压降，且压降为 mV 级别。（　　）

5. 分流器电阻应与标称电阻一致。（　　）

6. 信号采集线应无断路、短路和虚接等情况。（　　）

四、名词解释

1. 电流传感器

2. 分流器

3. 霍尔传感器

五、简答题

1. 简述霍尔电流传感器的检测内容。

2. 若故障现象为车辆无法启动，仪表盘显示电池故障指示灯点亮、整车故障指示灯点亮、SOC 无显示，请分析可能的故障原因。

任务十二　高压上电故障检测与维修

一、填空题

1. 高压上电过程涉及的主要部件有动力蓄电池、__________、BMS、___________、预充继电器、__________、总负继电器以及车辆高压用电设备。

2. 高压上电时，先由整车控制器（VCU）控制___________闭合，再由动力蓄电池管理系统（BMS）控制_____________闭合，BMS 在检测到预充电压达到目标电压值后，判断预充电成功，控制__________闭合、预充继电器断开，完成高压上电过程。

3. 高压上电电路示意图如图 12-1 所示，在高压上电过程中的电压变化曲线中的 t_1 时刻，动力蓄电池系统高压____________连接正常，____________之间串联连接良好，PV1 电压值为动力蓄电池系统的_______电压。

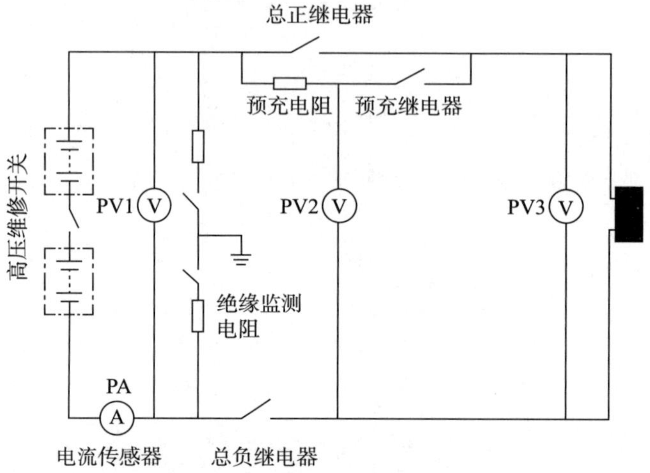

图 12-1　高压上电电路示意图

4. 在高压上电过程中的电压变化曲线中的 t_2 时刻，____________闭合，此时 PV2 与_________串联，PV2 电压值低于 PV1 电压值。

二、选择题

1. 在高压上电过程中的电压变化曲线中的 t_3 时刻，(　　) 继电器闭合，开始预充电过程，PV2 与 PV3 并联，PV2 的电压值被拉低，之后 U_2 与 U_3 同时升高。

A. 预充　　B. 总正　　C. 总负　　D. 额定

2. 在高压上电过程中的电压变化曲线中的 t_4 时刻，(　　) 电完成，$U_2=U_3 \geq 90\%U_1$，总正继电器闭合。

A. 预充　　B. 总正　　C. 总负　　D. 额定

3. 在高压上电过程中的电压变化曲线中的 t_5 时刻，(　　) 继电器断开，高压上电完成。

A. 预充　　B. 总正　　C. 总负　　D. 额定

三、判断题

1. 在高压上电前要确保整车高压系统的完整性。（　　）

2. 在整车运行过程中，高压系统回路断开或者其完整性受到破坏时，可启动安全防护。（　　）

3. 高压互锁可防止带电插拔高压连接器，避免给高压端子造成拉弧损坏。（　　）

四、简答题

1. 简述高压上电的流程。

2. 简述高压上电的控制原理。

任务十三　动力蓄电池系统故障诊断与维修

一、填空题

1. 按照故障发生的部位，动力蓄电池系统的故障可分为四类，即＿＿＿＿＿＿、＿＿＿＿、电子元器件（继电器和传感器等）和＿＿＿＿及插接器类故障。

2. 按照工作原理分类，动力蓄电池系统的故障有电压类、SOC 类、________类、________类、通信类、________类、充电类和高压上电故障等。

二、选择题

1. 在整车充满电静置后，一个或几个电池单体电压明显偏高或偏低，其他正常，造成此现象可能的故障原因是（　　）。

A. 电池单体故障　B. 电机故障　C. 制动故障　D. 静置时间过长

2. 车辆运行或充电时发生电压跳变有可能是因为（　　）故障。

A. 电压采集线路　B. 机械　C. 制动　D. 以上选项都对

3. 续驶里程显示异常，电池实际电量与显示电量不一致有可能是因为（　　）故障。

A. 机械　B. 制动　C. 电机　D. 电流传感器

4. 在车辆运行过程中，电流信息异常，从而导致行车中断，可能是因为（　　）故障。

A. 电池　B. 制动　C. 电机　D. 电流传感器

5. 充电时电池温度低于规定数值，加热功能不开启，可能是因为（　　）故障。

A. 温度采集线路　B. 电池单体　C. 电压采集线路　D. 以上选项都对

6. 电池温度高于规定数值，冷却系统不工作，可能是因为（　　）故障。

A. 电流传感器　B. 电池单体　C. 加热部件　D. 以上选项都对

三、判断题

1. 系统中部分温度点偏高或偏低，运行或充电时达到报警阈值，报温度故障，可能是因为温度传感器故障。（　　）

2. 整车没有 BMS 信息，车辆无法启动，可能是因为 CAN 线故障。（　　）

3. BMS 主板没有从板信息或只有部分从板信息，可能是因为 CAN 线故障。（　　）

4. 车辆无法启动，整车报绝缘故障，可能是因为电池单体故障（漏液）。（　　）

5. 充电后无法启动，或电池充满后无法停止充电，可能是因为高压继电器故障。（　　）

6. 车辆无法启动可能是因为高压继电器故障。（　　）

四、简答题

1. 简述高压上电故障可能的故障原因。

2. 简述通信故障可能的故障原因。

情境三
动力蓄电池系统更换与回收

任务十四　动力蓄电池系统更换

一、填空题

1. 动力蓄电池箱是用于盛装__________、__________以及相应的___________，并包含__________、__________和__________等功能的总成。

2. 电池包有可从外部获得电能并可对外输出电能的单元，通常包含__________、__________、__________及__________。

3. 动力蓄电池系统的拆卸流程为________________→__________→__________→___________→________________→________________。

4. 在拆卸动力蓄电池系统的操作前务必断开整车________________________。

5. 在搬运动力蓄电池系统前应检查电箱的绝缘性，总正、总负继电器对电池外壳的绝缘电阻应大于等于每伏电压________Ω。

二、选择题

1. 在安装动力蓄电池系统的过程中，应检查电池包定位栓有无松动迹象，确认安装牢固，确保将（　　）准确插入定位插孔。

A. 定位栓　　B. 螺丝　　C. 垫片　　D. 螺母

2. 在更换新的动力蓄电池系统后需进行（　　）与 VCU 的匹配作业。

A. BMS　　B. ABS　　C. MSD　　D. 以上选项都对

3. 在动力蓄电池系统的拆卸过程中，应使用专业扭力工具拆卸螺栓，用双手稳固螺栓进行（　　）扭卸。

A. 加速　　B. 减速　　C. 匀速　　D. 以上选项都不对

4. 对电池包总（　　）进行测量时，应根据“电池单体串联数量 × 电池单体电压”来计算。

A. 电流　　B. 电压　　C. 电阻　　D. 以上选项都对

5. 在 500 V DC 下，总正继电器内、外侧对箱体阻值应大于等于（　　）MΩ。

A. 400　　B. 550　　C. 600　　D. 700

三、判断题

1. 智能网联汽车换电技术其实就是指更换动力蓄电池技术。（　　）

2. 动力蓄电池系统的铭牌主要包括产品型号、标称电压、产品能量、产品质量、生产编号和生产厂商等信息。（　　）

3. 动力蓄电池系统的检查内容只包括外观检查。（　　）

4. 在检查动力蓄电池系统的过程中，螺栓紧固力矩为（100.0 ± 1）N · m。（　　）

5. 在电池系统的搬运过程中，可以将其倒放或斜放。（　　）

6. 在安装动力蓄电池系统的过程中，应检查螺栓配件是否齐全，其安装顺序为先弹片、后垫片。（　　）

四、名词解释

1. 动力蓄电池系统

2. 换电技术

五、简答题

1. 在拆卸动力蓄电池系统的过程中，有哪些注意事项？

2. 动力蓄电池系统拆卸前的安全确认包含哪几点？

任务十五　电池状态评估与回收利用

一、填空题

1. 智能网联汽车动力蓄电池的使用寿命有限，按照充电循环次数推算，大约为______年。

2. 一块 20 g 重的手机电池足以使 1 km^2 的土地被污染______年以上。

3. 电池里面的绝大部分材料都是可以被重复利用的，目前镍钴锰的回收率已经达到了______，锂的回收率在______以上。

4. 动力蓄电池回收的两大方向分别为____________和____________。

5. ____________的梯次利用是目前动力蓄电池回收普遍采用的方式。

二、选择题

1. 2018 年（　　）起正式实施《车用动力电池回收利用 余能检测》（GB/T 34015—

2017）标准。

A. 1 月 1 日　　B. 2 月 1 日　　C. 3 月 1 日　　D. 4 月 1 日

2. 2021 年（　　）起正式实施《废旧电池回收技术规范》（GB/T 39224—2020）标准。

A. 5 月 1 日　　B. 6 月 1 日　　C. 7 月 1 日　　D. 8 月 1 日

3. 电池包在直接梯次利用时存在（　　）等级不匹配、（　　）不兼容、内部电池一致性差和安全隐患等问题。

A. 电压　BMS　　B. 电阻　OBD

C. 电流　BMS　　D. 内阻　OBD

4. 在（25 ± 2）℃条件下，应用场景为汽车用电池的梯次利用产品的电池模块 $1I_3$ 电流值的放电容量应不低于标称容量的（　　）。

A. 50%　　B. 55%　　C. 60%　　D. 65%

5. 电池梯次利用的循环寿命应高于（　　）次。

A. 200　　B. 300　　C. 400　　D. 500

三、判断题

1. 在退役的动力蓄电池容量处于 20% ~ 80% 时，梯次利用是首选。（　　）

2. 梯次利用的主要发展方向只有电动自行车。（　　）

3. 三元锂电池的镍钴锂价格高，但循环利用寿命不如磷酸铁锂。（　　）

4. 动力蓄电池需进行余能检测，以分析和判断其是否可以被梯次利用，检测内容是电池模块的余能检测。（　　）

5. 理论上讲，电池包、电池模块和电池单体都可以进行梯次利用。（　　）

6. 自放电率是指在存放时间内，电池在没有负荷的条件下，因自身放电造成的电池容量损失的速度。（　　）

四、名词解释

1. 余能

2. 电池梯次利用

五、简答题

1. 简述余能检测的内容。

2. 电池梯次利用的要求包括哪些方面?

综合试卷（一）

一、填空题（每空1分，共20分）

1. BMS的中文名称是________________________。

2. 电池是一种将化学能、光能、热能、核能等直接转化为______的装置。

3. 电池有多种分类方法，其中最常见的是按照__________和__________进行分类。

4. 蓄电池的充电方式有恒流充电和__________两种。

5. 锂电池的荷电状态又称SOC，也称__________。

6. 动力蓄电池作为电动汽车的核心部件，其性能直接影响车辆的__________和________。

7. 电池模块的规格、______需符合国家相关标准。

8. 电池模块不一致性产生的原因分为电池的____________不一致及电池性能衰退的速度不一致两个方面。

9. 动力蓄电池的常见故障类型有________________________、电池单体容量不足和内阻偏大、电池单体内部短路或外部短路和极性装反等。

10. BMS主要可以实现____________、______________________、系统辅助功能、________________________等。

11. 动力蓄电池系统常用的高压继电器类型为________________。

12. 目前，动力蓄电池系统使用的电流传感器主要有__________和____________________。

13. 按照故障发生的部位，动力蓄电池系统的故障可分为四类，即____________、BMS、电子元器件和________及插接器类故障。

14. 智能网联汽车动力蓄电池的使用寿命有限，按照________________推算，大约为8年。

二、选择题（每题 1 分，共 15 分）

1. 下列选项中，不影响规格型号相同的电池单体的一致性的是（　　）。

A. 容量　　B. 内阻　　C. 电压　　D. 颜色

2. 燃料电池中最常见的燃料为（　　），其他燃料有能分解出氢气的碳氢化合物，如天然气、醇和甲烷等。

A. 氢　　B. 氧　　C. 甲烷　　D. 以上选项都对

3. 电池负极在充电过程中（　　）。

A. 得电子，发生氧化反应　　B. 失电子，发生氧化反应

C. 失电子，发生还原反应　　D. 得电子，发生还原反应

4.（　　）可作为 SOC 估算中的一个重要参数。

A. OCB　　B. OPO　　C. OCV　　D. 以上选项都不对

5. 动力蓄电池的电性能要求不包括（　　）性能要求。

A. 充电　　B. 放电　　C. 储存　　D. 内阻

6. 铜排与电池模块的金属部分形成回路时，若触头间的电压大于 10 V、电流超过 80 mA，则会产生（　　）色的光柱，即电弧。

A. 蓝　　B. 绿　　C. 黄　　D. 白

7. 对电池进行均衡操作后，要求电池模块所有电池单体间的最大压差不超过（　　）mV。

A. 10　　B. 20　　C. 30　　D. 40

8. 使用故障诊断仪，通过（　　）诊断口读取车辆的电池信息。

A. EBD　　B. EBC　　C. OBD　　D. 以上选项都不对

9. 动力蓄电池内的电池单体通过（　　）方式给整车提供电能。

A. 串联　　B. 并联　　C. 串并联　　D. 以上选项都对

10. 绝缘检测是检测动力蓄电池与汽车底盘之间的绝缘电阻，BMS 检测系统对地电阻应大于（　　）MΩ。

A. 1　　B. 2　　C. 3　　D. 4

11.（　　）是将化学能与电能进行相互转化的基本单元。

A. 动力蓄电池　　B. 燃料电池　　C. 电池单体　　D. 以上选项都对

12. 霍尔效应属于（　　）效应的一种。

A. 电压　　B. 电磁　　C. 电容　　D. 以上选项都对

13. 在高压上电过程中的电压变化曲线中的 t_4 时刻，（　　）电完成，$U_2=U_3 \geqslant 90\%U_1$，总正继电器闭合。

A. 预充　　B. 总正　　C. 总负　　D. 额定

14. 车辆运行或充电时发生电压跳变有可能是因为（　　）故障。

A. 电压采集线路　　B. 机械　　C. 制动　　D. 以上选项都对

15. 在更换新的动力蓄电池系统后需进行（　　）与 VCU 的匹配作业。

A. BMS　　B. ABS　　C. MSD　　D. 以上选项都对

三、判断题（每题 1 分，共 15 分）

1. 为电动汽车动力系统提供能量的蓄电池称为电池单体。（　　）

2. 锂离子蓄电池具有质量能量密度高、质量功率密度高、自放电率低、无记忆效应以及环境友好等优点。（　　）

3. 电池负极在放电过程中失电子，发生还原反应。（　　）

4. 正极材料为三元锂的锂离子蓄电池，其经济性比锰酸锂的好。（　　）

5. 对于同一块动力蓄电池，在不同的测试条件下，电池的特性参数相同。（　　）

6. 在实际使用过程中，温度对电池的影响直接体现在电池的内阻大小和电池的实际容量上。（　　）

7. 为了达到一定的电压、功率和能量等级，只能使用串联的方式将电池单体组成电池模块，为电动汽车提供能量。（　　）

8. 电动汽车在充电时，SOC 值是按照最低电池单体电压来计算的。（　　）

9. 目前，对动力蓄电池主要采取风冷这一种冷却方式进行降温。（　　）

10. 在动力蓄电池内一般有多个继电器，BMS 需要对继电器进行驱动供给和状态检测，对继电器的控制往往是在与整车控制器协调后再进行的，而安全气囊控制器输出的碰撞信号通常在继电器控制策略中享有最高优先级。（　　）

11. 在动力蓄电池系统中，电池包内部的断路单元（BDU）通过控制总正、总负以及预充继电器的断开与闭合来控制电池系统的能量输入与输出。（　　）

12. 电动汽车高压继电器共有两组电路，其中，输入（线圈）电路为低压电路，输出（触点）电路为高压电路。（　　）

13. 在高压上电前要确保整车高压系统的完整性。（　　）

14. 在整车运行过程中，高压系统回路断开或者其完整性受到破坏时，可启动安全防护。（　　）

15. 在电池系统的搬运过程中，可以将其倒放或斜放。（　　）

四、名词解释（每题2分，共10分）

1. 电池容量

2. 工作电压

3. 自放电率

4. 电池均衡

5. 分流器

五、连线题（共 10 分）

用直线将电芯故障的分类与正确的处理方法连接起来。

电芯故障的分类	处理方法
欠压	充低放低
	充高放高
过压	充低放高
	补电处理
过放电	更换处理
	按照过放参数分析
容量偏大	放电处理

六、简答题（每题 5 分，共 20 分）

1. 简述不同倍率下的充电测试方法。

2. 简述电池模块储存性能的测试步骤。

3. 简述高压上电的流程。

4. 动力蓄电池系统拆卸前的安全确认包含哪几点？

七、综合题（每空 2 分，共 10 分）

根据 BMS 的故障类型，填写对应的故障现象及后果。

序号	故障类型		故障现象及后果	处理方法
1	线路类故障	BMS 主板供电、搭铁故障	①	修复或更换线束，更换保险
2		BMS 唤醒线束故障		
3		BMS 从板供电、搭铁故障	②	修复或更换线束
4		BMS 高压板供电、搭铁故障	BMS 主板无法检测到高压板信息	
5	通信类故障	整车 CAN 线故障	电动汽车无法启动或 BMS 无法启动	修复或更换线束，更换 BMS 并匹配
6		BMS 内部 CAN 线故障	③	
7	BMS 功能类故障	电池单体电压检测模块故障	电动汽车无法启动	更换从板并匹配
8		电池单体温度检测模块故障	④	
9		电流、绝缘检测模块故障	电动汽车无法启动	更换高压板并匹配
10		状态计算及能量管理模块故障	电动汽车无法启动	更换主板并匹配
11		均衡控制模块故障	⑤	

①____。

②____。

③____。

④____。

⑤____。

综合试卷（二）

一、填空题（每空 1 分，共 20 分）

1. 为电动汽车动力系统提供________的蓄电池称为______________。

2. 电池的组合方式有________、________和__________三种。

3. 一般来说，SOC 描述了电池还剩下多少电，它是______中最重要的参数。

4. 当前动力蓄电池性能测试的内容主要包括__________和__________两个参数。

5. 电池模块的标识内容主要包括__________、额定容量和__________等。

6. 电池单体均衡的目标电压可以是所有电池单体中的最低电压、最高电压或__________。

7. 电池单体性能测试需要记录室温放电容量、交流内阻和__________。

8. 通过温度传感器监测动力蓄电池温度可以识别出过载或电气故障情况。当出现温度异常情况时，必须立即降低电流强度或完全关闭__________，以免造成电池的进一步损坏。

9. 高压盒通过分流器进行电流____________________，完成电流的测量和电池容量的累计。

10. 对于工况中冲击电流________能力评估的最终限制条件是温升和最高温度，因此，载流能力的选择需要结合工作环境温度，最高温升及温度要求来考虑。

11. 金属合金是分流器的电阻本体，常见的三段式金属组合是两边为紫铜合金，中间为______合金。

12. 高压上电时，先由整车控制器（VCU）控制____________闭合，再由动力蓄电池管理系统（BMS）控制预充继电器闭合，BMS 在检测到预充电压达到目标电压值后，判断预充电成功，控制____________闭合、预充继电器断开，完成高压上电过程。

13. 在搬运动力蓄电池系统前应检查电箱的绝缘性，总正、总负继电器对电池外壳的绝缘电阻应大于等于每伏电压________Ω。

14. __________的梯次利用是目前动力蓄电池回收普遍采用的方式。

二、选择题（每题 1 分，共 15 分）

1. 电池容量用符号（　　）表示。

A. *E*　　B. *U*　　C. *C*　　D. *V*

2. 下列选项中，不可作为电动汽车动力蓄电池的是（　　）蓄电池。

A. 铅酸　　B. 锂离子　　C. 镍氢　　D. 锌银

3. 动力蓄电池的安全性要求不包括（　　）安全要求。

A. 电　　B. 辐射　　C. 机械　　D. 热稳定性

4. 主要用于稳定材料层状结构、提高材料循环性能和倍率性能的（　　）是三元锂电池不可或缺的贵金属。

A. 锰　　B. 钴　　C. 铁　　D. 锂

5. 电池单体放电的步骤不包括（　　）。

A. 检测电池单体的端电压　　B. 连接信息采集线

C. 测试安全电压　　D. 设置放电参数

6. 在电池单体工作时，端电压为（　　）电压。

A. 开路　　B. 闭路　　C. 工作　　D. 以上选项都不对

7. 在不同的测试条件下，电池的电性能参数受到试验环境的影响，其主要影响因素不包括（　　）。

A. 温度　　B. 充电倍率　　C. 内阻　　D. 放电倍率

8. 使用绝缘表检测电池模块正、负极端子分别与外壳之间的绝缘电阻，其应不小于每伏电压（　　）Ω。

A. 70　　B. 80　　C. 90　　D. 100

9. 学习任务完成后，属于实训场地整理及恢复内容的是（　　）。

A. 将工具、设备整理恢复　　B. 将实训工位打扫干净

C. 将私人物品带走　　D. 以上选项都对

10. 高压（　　）检测的作用是确认整个高压系统的完整性，在高压系统回路断开或者其完整性受到损坏的情况下，就需要车辆控制系统启动安全措施，以避免发生意

外事故。

A. 上锁　　B. 互锁　　C. 电流　　D. 电压

11. 当电流垂直于外磁场通过导体或半导体时，导体或半导体中的电子发生偏转，在垂直于（　　）和磁场方向会产生附加电场，从而在导体或半导体的两端产生电势差，这一现象被称为霍尔效应。

A. 电流　　B. 电压　　C. 电阻　　D. 磁通

12. 电池温度高于规定数值，冷却系统不工作，可能是因为（　　）故障。

A. 电流传感器　　B. 电池单体　　C. 加热部件　　D. 以上选项都对

13. 对电池包总（　　）进行测量时，应根据“电池单体串联数量 × 电池单体电压”来计算。

A. 电流　　B. 电压　　C. 电阻　　D. 以上选项都对

14. 电池包在直接梯次利用时存在（　　）等级不匹配、（　　）不兼容、内部电池一致性差和安全隐患等问题。

A. 电压　BMS　　B. 电阻　OBD

C. 电流　BMS　　D. 内阻　OBD

15. 关于蓄电池的检测，下列说法中正确的是（　　）。

A. 检查外观时，只检查蓄电池接线柱、电缆和托架固定架是否有腐蚀即可

B. 检查外观时，只检查蓄电池周围是否有漏液，壳体和桩柱是否有破损或裂纹即可

C. 只要蓄电池电压在 12.6 V 以上，就一定可以用万用表检测

D. 用万用表检测的蓄电池端电压，只能作为检测的参考因素

三、判断题（每题 1 分，共 15 分）

1. 对蓄电池的检测主要是检测蓄电池的电压，只要蓄电池的电压能够达到 12 V 就表明蓄电池处于良好状态。（　　）

2. 锂电池性能比较高，电池能量密度大，平均输出电压高，自放电率低，没有记忆效应。（　　）

3. 整车控制器（VCU）判断处理车辆状态信息后，可向动力系统、动力蓄电池系统发送车辆的运行状态控制指令，同时控制车载附件电力系统的工作模式，但是VCU不具有整车系统故障诊断保护与存储功能。（ ）

4. 由于极化现象的存在，电池在充、放电的过程中瞬时电压与实际电压会产生一定的偏差。（ ）

5. 在使用专用拆装工具拆除电池模块正、负极连接片的过程中，拆装工具不可戳伤电池或软连接等，并避免短路风险。（ ）

6. 由于在生产和使用过程中成组的电池单体之间不可能做到完全一致，所以电池模块的一致性是相对的，不一致性是绝对的。（ ）

7. 电池单体在成组应用过程中，由应用环境差异（如温度和充、放电电流的差异）造成的一致性差异增加，加剧了电池单体的不一致性。（ ）

8. 替换法是指在条件允许的情况下，通过测量对应模块来实现对电池故障模块及故障类型的判别。该方法需要操作人员对电动汽车各个模块有较为充分的认知，操作人员应做好防护措施。（ ）

9. 测量动力蓄电池总电流大小的电流传感器一般安装在动力蓄电池内部的断路单元（BDU）中，测量所用的高压线束一般是1号电池模组的负极与总负继电器之间的高压线。（ ）

10. 动力蓄电池系统中部分温度点偏高或偏低，运行或充电时达到报警阈值，报温度故障，可能是因为温度传感器故障。（ ）

11. 动力蓄电池系统的铭牌主要包括产品型号、标称电压、产品能量、产品质量、生产编号和生产厂商等信息。（ ）

12. 在安装动力蓄电池系统的过程中，应检查螺栓配件是否齐全，其安装顺序为先弹片、后垫片。（ ）

13. 动力蓄电池需进行余能检测，以分析和判断其是否可以被梯次利用，检测内容是电池模块的余能检测。（ ）

14. 电池管理的核心问题就是SOC的预估问题。（ ）

15. 在检查动力蓄电池系统的过程中，螺栓紧固力矩为（100.0 ± 1）N · m。（ ）

四、名词解释（每题 2 分，共 10 分）

1. SOP

2. SOH

3. 霍尔传感器

4. 动力蓄电池系统

5. 换电技术

五、连线题（共 10 分）

用直线将动力蓄电池的老化成因与正确的老化机理连接起来。

老化成因	老化机理
高温	SEI 膜增厚
低温	SEI 膜分解
高 SOC	电解液分解
低 SOC	石墨脱落
	析锂
	接触老化
	过渡金属溶解
	集流体腐蚀

六、简答题（每题5分，共20分）

1. 画出无故障码的动力蓄电池故障的诊断与维修思路流程图。

2. 画出动力蓄电池系统电压类故障的检测流程图。

3. 画出动力蓄电池系统 SOC、电流类故障的检测流程图。

4. 画出动力蓄电池系统通信类故障的检测流程图。

七、综合题（每空 2 分，共 10 分）

根据动力蓄电池系统的故障现象，填写对应的故障原因。

<table>
<tr><th>序号</th><th colspan="2">故障类型</th><th>故障现象</th><th>故障原因</th></tr>
<tr><td rowspan="3">1</td><td rowspan="3">电压类故障</td><td>电池单体电压高 / 低</td><td>在整车充满电静置后，一个或几个电池单体电压明显偏高 / 偏低，其他正常</td><td rowspan="3">（1）电池单体故障（容量低、内阻大、自放电率高或电池漏液等）；
（2）电压采集线路故障；
（3）BMS 故障（均衡功能差或失效）；
（4）电池连接故障（紧固螺栓松动、连接铜排开焊、连接面有污物等）</td></tr>
<tr><td>动态压差 / 静态压差</td><td>充电时电压迅速升至充电终止电压；
踩加速踏板时，故障电池单体电压比其他电池单体电压下降快；
踩制动踏板时，故障电池单体电压比其他电池单体电压上升快</td></tr>
<tr><td>电压跳变</td><td>车辆运行或充电时发生电压跳变</td></tr>
<tr><td rowspan="3">2</td><td rowspan="3">SOC 类故障</td><td>SOC 不变化</td><td rowspan="3">续驶里程显示异常，电池实际电量与显示电量不一致</td><td rowspan="3">①</td></tr>
<tr><td>SOC 下降快 / 慢</td></tr>
<tr><td>SOC 跳动</td></tr>
<tr><td>3</td><td>电流类故障</td><td>电流异常</td><td>在车辆运行过程中，电流信息异常，从而导致行车中断</td><td>②</td></tr>
<tr><td rowspan="3">4</td><td rowspan="3">温度类故障</td><td>加热系统故障</td><td>充电时电池温度低于规定数值，加热功能不开启</td><td rowspan="3">③</td></tr>
<tr><td>冷却系统故障</td><td>电池温度高于规定数值，冷却系统不工作</td></tr>
<tr><td>温度高 / 低</td><td>系统中部分温度点偏高 / 偏低，运行或充电时达到报警阈值，报温度故障</td></tr>
</table>

续表

<table>
<tr><th>序号</th><th colspan="2">故障类型</th><th>故障现象</th><th>故障原因</th></tr>
<tr><td rowspan="2">5</td><td rowspan="2">通信类故障</td><td>BMS 与 VCU 通信故障</td><td>整车没有 BMS 信息，车辆无法启动</td><td rowspan="2">④</td></tr>
<tr><td>BMS 内部通信故障</td><td>BMS 主板没有从板信息或只有部分从板信息</td></tr>
<tr><td rowspan="2">6</td><td rowspan="2">绝缘类故障</td><td>绝缘阻值低</td><td rowspan="2">车辆无法启动，整车报绝缘故障</td><td rowspan="2">⑤</td></tr>
<tr><td>绝缘监测系统故障</td></tr>
</table>

①____

____。

②____

____。

③____

____。

④____

____。

⑤____

____。